감사합니다!

마루는강쥐

언제나 언니 옆에 있을게!

마루 애착 스티커북

마루는강쥐
언제나 언니 옆에 있을게!
마루 애착 스티커북

초판 1쇄 인쇄 2024년 10월 18일
초판 1쇄 발행 2024년 11월 5일

원작 모죠
펴낸이 김선식

부사장 김은영
어린이사업부총괄이사 이유남
책임편집 류지민 **디자인** Bjudesign **책임마케터** 안호성
어린이콘텐츠사업2팀장 이지양 **어린이콘텐츠사업2팀** 이정아 윤보황 류지민 박민아
마케팅본부장 권장규 **마케팅3팀** 최민용 안호성 박상준 송지은 김희연
저작권팀 이슬 윤제희 **편집관리팀** 조세현 김호주 백설희 **제휴홍보팀** 류승은 문윤정 이예주
재무관리팀 하미선 임혜정 이슬기 김주영 오지수 **인사총무팀** 강미숙 김혜진 황종원
제작관리팀 이소현 김소영 김진경 최완규 이지우 박예찬
물류관리팀 김형기 김선민 주정훈 김선진 한유현 전태연 양문현 이민운

펴낸곳 다산북스 **출판등록** 2005년 12월 23일 제313-2005-00277호
주소 경기도 파주시 회동길 490 **전화** 02-704-1724 **팩스** 02-703-2219
다산어린이 카페 cafe.naver.com/dasankids **다산어린이 블로그** blog.naver.com/stdasan
종이 신승INC **인쇄 및 제본** 상지사 **코팅 및 후가공** 평창피앤지 **사진** Shutterstock **스티커** (주)한올피앤피

ISBN 979-11-306-5797-4 13650

• 책값은 뒤표지에 표시돼 있습니다.
• 파본은 본사 또는 구입한 서점에서 교환해 드립니다.
• 이 책은 저작권법에 의하여 보호를 받는 저작물이므로 무단 전재와 복제를 금합니다.

NAVER WEBTOON ⓒ2022. 모죠 ALL RIGHTS RESERVED.
본 제품은 네이버웹툰과의 정식 저작권 계약에 의해 사용, 제작되므로 무단 복제시 법의 처벌을 받게 됩니다.

마루는강쥐

언제나 언니 옆에 있을게!

마루 애착 스티커북

'우리'와 '마루'가 처음 만난 날에 대해 알고 있나요?
"주인을 잃어버린 걸까…?"
길을 걷다가 앙상한 개 한 마리를 만난 우리는
그 개를 동물병원에 데려가게 되었어요.
우리는 나타나지 않는 주인을 애타게 기다리는 개를 보며
친해지고 싶고, 지켜주고 싶다고 느꼈지요.

고민 끝에 개를 데리고 온 날, 우리는 개에게
'마루'라는 새 이름을 지어 주었어요.
우리는 앞으로 이 이름을 오래오래
다정하게 부르겠다고 다짐했죠.

마루가 우리의 집에서 살게 된 후, 둘은 단 하루도 떨어져 지낸 적이 없어요.
우리의 사정으로 며칠 동안 떨어져 지내게 된 두 사람.

"우리 언니, 언제 와?"
"마루, 잘 있나…? 떨어져 있는 게 불안할 텐데."

겉으로는 잘 지내는 것처럼 보여도 마루의 머릿속에는 하루 종일 언니 생각이 떠나지 않아요. 마루 생각이 머릿속에 가득한 건 우리도 마찬가지예요. 떨어져 지내는 동안, 우리와 마루에게 어떤 마음의 변화가 일어났을까요?

우리 속마음

엄마가 입원해서 간병하는 중이다.
마루한테 말한 것보다 집에 못 가는 날이 길어지고 있다.
마루가 애타게 기다릴까 봐 걱정이다.

마루 보고 싶어!

마루 속마음

언니 냄새 놓칠까 봐 어제도 현관에서 언니 기다렸다.
언니가 없으니까 집도 산책도 간식도 재미없다.
언니는 마루 없어도 즐거울까? 마루는 언니 없으면 안 되는데…

언니, 마루 보러 올 거지?

마루야~ 언니잘있어
씩싹하게있으면
금방 간다~내일 보자!

마루가 없는데
즐거워?!

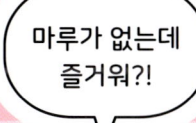

잘 노는 중
걱정 ㄴㄴ

날짜 : 12월 25일  날씨 :

추워서 놀이도 산책도 귀찮다. 근데 고구마는 맛있다. 운동 안 하고 갑자기 건강하게 되고싶다.

날짜 : 1월 8일 날씨 :

아끼던 고구마 간식이랑 애착 인형이 사라졌다. 언니 머리 끈도 사라졌다. 범인을 찾았다!

6~8 과체중
갈비뼈를 만지기 어려우며 허리를 구분하기 힘들다.

날짜 : 1월 29일   날씨 :

마루 원래 보물 냄새 잘 맡는데, 코감기 때문에 한 개도 못 찾았다. 선생님들이 보물 찾게 도와줬다.

날짜 : 2월 12일   날씨 :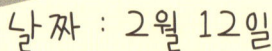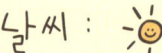

언니 챙겨 줄 사람은 나뿐이다. 같이 파티 준비해서 언니 깜짝 놀라게 해 줘야지.

날짜 : 3월 25일 날씨 :

언니가 화동은 신부 앞에서 꽃 뿌려 주는 거랬다. 나는 꽃도 예쁘게 뿌리고 화동 잘할 수 있다.

날짜 : 4월 8일 날씨 :

이불 동굴 안에서만 계속 놀고 있고 싶다. 내 이불 동굴 부수는 사람 절대 용서 안 할 거야.

날짜 : 5월 6일   날씨 :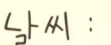

 언니가 마루 인형 망가뜨렸다… 언니한테 처음 받은 거라 엄청 소중한 건데, 언니 너무해.

날짜 : 6월 24일   날씨 :

우리, 마희 언니랑 무인도에 갇혀서 캠핑했다. 벌레도 보고 구조 신호도 보내고 고기도 구워 먹었다. 다 같이 텐트도 치고 재밌었다.

날짜 : 7월 8일 날씨 :

언니가 사과은행으로 미역 갖다 달라고 했다. 이상한 사람이 언니 냄새 안 나는데 언니 만났다고 거짓말했다. 난 안 속아!

날짜 : 7월 22일 날씨 :

밤에 갑자기 화재경보기 울려서 동네 사람들 다 깼다. 301호만 빼고. 어쩌면 불 따위 무섭지 않은 엄청 쎈 외계인이 살고 있을 거다.

날짜 : 8월 12일   날씨 :

에어컨 고장 나고 현관문도 고장 나서 언니랑 집에 갇혔다. 너무 더워서 언니랑 싸울 뻔했다. 화내서 미안해.

날짜 : 8월 26일   날씨 :

언니 말고 또 다른 언니가 나타났다. 나랑 잘 놀아 주고 나쁜 사람 같진 않은데... 오늘따라 우리 언니가 좀 수상하다.

공 잘 차는 우리 언니

날짜 : 9월 9일　　　　　날씨 :

돌고래반 친구들과 같이 연극한다. 마루는 곰 역할 맡았다.
소원 들어주는 기적의 별 찾아서, 언니와 오래오래 함께해야지.

날짜 : 10월 7일　　　　　날씨 :

서율이 이사 가면 마루는 누구랑 놀지 이제. 좋아하는 친구, 사람이랑
헤어지는 거 진짜 싫다.

마루 ㅉ 조심! 스티커

"아르르~ 알알알아알~!"

사람이 된 마루는 종종 짖는 소리를 낸답니다.

그럴 때마다 주변 사람들은 생각해요.

'마루에게서 왜 자꾸 개의 모습이 떠오를까?'

우리는 마루가 으르렁댈 때마다 눈치를 살피게 됐지요.

마루의 동물적 본능이 살아 숨 쉬는 '개 조심' 모멘트!

마루의 분노를 순간 포착한 장면을 스티커로 만나 보세요!

| 먹어도 살 안 찌는 **부적** | 운수대통 **부적** | 행운 **부적** |

| 걱정 제로 **부적** | 부자 되는 **부적** | 건강 무적 **부적** |

"언니 일정은 마루가 책임진다!"
일정 관리 스티커

마루는 언니와 언제나 함께하고 싶어요.
하지만 바쁜 일상을 보내야 하는 언니를 위해
함께 놀고 싶은 마음은 잠깐 접어 두고, 언니가 일정을
마칠 때까지 토닥토닥 응원하며 곁에 있을 거래요.
일정 관리 스티커로 하루를 알차게 관리해 보세요!

"언니 오늘도 수고!"
"마루 간식 사게 돈 많이 벌어 와~"
"언니의 완벽한 하루를 응원해."

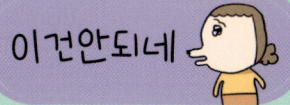

"마루도 언니한테 할 말 있어~"
마루 어록 스티커

마루가 평소에 무슨 생각을 하는지, 어떤 말을 하고 싶은지, 마루가 사람이 되기 전까지 우리는 알 수 없었어요.

마루가 사람이 되지 않았다면 알지 못했을 엉뚱하지만, 따뜻한 말들.

마루가 우리에게 건넨, 서툴지만 귀엽고 사랑스러운 말들을 만나 보세요!

나랑 살래?

오늘 재밌었다

 울면 선물 못 받는데

어디든 따라갈래

언니가 제일 좋아

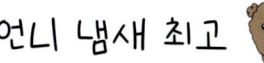 고구마가 좋아

 이 손을 봐, 대박임

언니 냄새 최고

 언니 어디 있어?

 언니랑 집에서 놀래

나 사람 됐다, 짱이지

 산책 가자! 심심해

나 잘했어?

마루도 할 수 있어

 낑낑낑 깨개갱

 마루한테 꼬린내 나?

간식 사다 놔

오늘은 나가기 싫어

 나도 유치원 갈래!

나약해, 어른은  노잼

 새 장난감 사주라

룰루리  멋착갰다 아우우우우우우

사랑은 계속계속 보고 싶은 거야

보여주마

"마루는 모두와 함께하고 싶어!"
빅 하트 스티커

우리와 마루, 마희와
이웃집에 사는 순정, 서율과 준호, 우주까지!

서로 으르렁거리며 싸울 때도 있지만
절친한 친구들의 가장 가까운 순간과
특별한 우정이 느껴지는 순간을 담은
하트 스티커를 만나 보세요!

우리 친구지?

마루&우리와 함께 떠나는
상상 여행 스티커

국내는 물론 세계 곳곳으로 여행을 떠난 우리와 마루.
마루는 언니와 함께라면 어디든 행복하지요!

앞으로도 언제나 어디서나 함께할
마루와 우리의 모습을 함께 상상해 보세요!

여긴 어디 난 누구?

> 붙였다 뗐다~

산책길 꾸미기 스티커

원반 던지기, 흙탕물에 구르기, 냄새 맡기…
사람이 된 마루가 산책길에서 더 이상 할 수 없는 것들이에요.
대신 언니와 함께할 수 있는 것과,
마루 혼자 할 수 있는 것이 전보다 많아졌어요!
살찐 마루의 다이어트를 위해 함께 운동하고, 언니랑 마트에서 장도 보고,
매일 유치원에서 친구들과 놀며 재미있는 시간을 보낼 수도 있지요.
마루의 산책길을 리무버블 스티커로 즐겁게 꾸며 보세요.
앞으로 마루의 산책은 산책길 너머로 계속될 거예요!

목표 관리 스케줄

목표 : _____

마루야,
사랑하는 모든 이들의 시간이
똑같이 흐를 수 없더라도
우리는 그냥 하루하루를
온 마음으로 즐기며 살아가자.

- 우리가